Kuchen trifft Orient

Süße Schätze aus
dem Morgenland

Inhaltsverzeichnis

Vorwort

Sind Sie schon einmal im Orient gewesen? Wenn nicht, dann begeben Sie sich mit mir auf eine kulinarische Reise durch tausendundeine Nacht und lassen Sie sich von den Rezepten auf den folgenden Seiten verführen. Hier treffen klassische Kuchen und Torten auf exotische Gewürze und Zutaten und zaubern Geschmackserlebnisse auf den Teller, die überraschen. Sie werden staunen, wie perfekt Granatapfel, Kardamom, Rosenwasser und Kurkuma mit Schwarzwälder-Kirsch-Torte, Nussschnecken oder Charlotte harmonieren. Neben all diesen Köstlichkeiten finden Sie natürlich auch traditionell orientalische Leckereien, wie arabische Butterkekse, Knafeh oder Dattelkekse, die ich und meine Familie besonders mögen.

Ich wünsche Ihnen auf Ihrer kulinarischen Reise viel Spaß und gutes Gelingen.

Huda Al-Jundi

Typisch orientalisch

Muskatnuss

Die Muskatnuss stammt ursprünglich aus Indonesien und gelangte bereits im Mittelalter über den Gewürzhandel nach Europa. Sie hat ein würziges, leicht bitteres Aroma und verliert nach dem Reiben schnell an Geschmack, weshalb sie immer erst am Ende hinzugefügt werden sollte.

Ingwer

Ingwer ist eine Gewürz- und Heilpflanze. Die beliebte Knolle ist scharf im Geschmack und besitzt ein leichtes Zitronenaroma. Der Ingwer stammt vermutlich aus Ostasien und wird sowohl in Pulverform als auch kleingehackt zum Kochen bzw. Backen verwendet.

Zimt

Zimt zählt zu den ältesten Aromastoffen der Welt und wird gemahlen, als ganze Stange oder in Stücke gebrochen verwendet. Er stammt aus Sri Lanka und besitzt einen fein süßlichen Geschmack.

Anis

Anis wird überwiegend im Mittelmeerraum angebaut. Er schmeckt würzig-herb und süßlich-aromatisch und die Samen können sowohl ganz als auch gemahlen verwendet werden. Sein Aroma entwickelt sich am intensivsten in Pulverform.

Mahlab

Mahlab, auch Felsenkirschkerne oder Steinweichselkerne genannt, sind in Südeuropa und Vorderasien weit verbreitet und werden seit Jahrhunderten in der Regel als pulverisiertes Gewürz verwendet. Geschmacklich erinnert Mahlab an Mandeln, das Aroma ist jedoch deutlich süßer.

Chilipflanze

Die Chilipflanze stammt ursprünglich aus Südamerika und diente lange Zeit als Ersatz für den damals sehr teuren Pfeffer. Anders als heute, schmeckte die ursprüngliche Chili deutlich milder.

Kurkuma

Kurkuma zählt zu den Ingwergewächsen und kommt ursprünglich aus Südostasien. Heute wird Kurkuma jedoch auch in Indien, Westindien und Südamerika angepflanzt. Die würzige, nach Ingwer duftende Knolle findet man überwiegend als Pulver im Supermarkt-Gewürzregal.

Vanille

Die Vanille stammt aus Mexiko und war bereits bei den Azteken ein beliebtes Würzmittel für Speisen und Getränke. Im 16. Jahrhundert fand sie ihren Weg durch spanische Eroberer nach Europa. Vanille riecht sehr intensiv und schmeckt lieblich und süß.

Kardamom

Kardamom ist eines der ältesten bekannten Gewürze überhaupt. Die Pflanze gehört ebenfalls zu den Ingwergewächsen, hat ein süßlich-scharfes Aroma und wird hauptsächlich auf Sri Lanka sowie in Indien, Guatemala und Tansania angebaut.

Datteln

Getrocknete Datteln gehören zu den gesündesten Trockenfrüchten überhaupt und werden aufgrund ihres hohen Vitamingehalts und der Vielzahl an Spurenelementen auch „Brot der Wüste" genannt. Sie halten bis zu einem halben Jahr und sollten dunkel und trocken gelagert werden.

Orangen

Die Orange stammt ursprünglich aus Südostasien. Sowohl ihr Fruchtfleisch als auch die Schale mit ihrem bitter-süßen Aroma verhilft vielen Kuchen in diesem Buch zu einer extrafeinen Note. Bei der Verwendung von Orangenabrieb sollten Sie auf Bio-Produkte zurückgreifen und die Früchte vor dem Abreiben gründlich mit heißem Wasser waschen.

Aprikosen

Die Aprikose gilt als eine der ältesten kultivierten Obstsorten der Welt und fand über Syrien ihren Weg nach Europa. Vor allem ihr verführerischer Duft und ihre Süße zeichnet sie aus. Im Supermarktregal ist die Aprikose sowohl in geschwefelter Form (zu Gunsten der leuchtenden Farbe und einer längeren Haltbarkeit) als auch in ungeschwefeltem Zustand zu finden.

Granatapfel

Der Granatapfel wird auch als Wunderfrucht des Morgenlandes bezeichnet und in warmen Ländern, insbesondere im Mittelmeerraum sowie im gesamten Orient angebaut. Die Frucht ist reich an Vitamin C und fällt optisch vor allem durch ihr rubinrotes Innenleben auf. Um die saftigen kleinen Kerne zu ernten, den Granatapfel halbieren und mit einem Löffel leicht auf die Schale klopfen, bis sich alle Kerne lösen. Alternativ eine Schüssel mit kaltem Wasser füllen und die Kerne unter Wasser herausdrücken. Durch das Wasser sinken die Kerne auf den Boden der Schüssel und Spritzer werden vermieden.

Feigen

Die Feige stammt aus Kleinasien und ist aus dem Orient nicht weg zu denken. Frisch, aber vor allem getrocknet, ist die kleine Frucht eine wahre Energiebombe. Frische Feigen halten nur wenige Tage im Kühlschrank, in dehydrierter Form und trocken gelagert sind sie über viele Monate hinweg genießbar.

Honig

Honig wird in der orientalischen Küche sehr gerne als Süßungsmittel verwendet.

Pistazie

Die Pistazie ist in trockenen, wüstenähnlichen Gebieten zu Hause und hat ein leicht süßliches, intensiv nussiges und butterartiges Aroma. Je grüner der Kern, desto besser die Qualität. Zum Backen sollten immer ungesalzene und nicht geröstete Pistazien verwendet werden.

Walnuss

Die Walnuss stammt ursprünglich aus Persien und hat über Umwegen eine weite Reise nach Europa zurückgelegt. Seither wächst die herb-bitter schmeckende Frucht auch problemlos in Deutschland.

Rosen- und Orangenblütenwasser

Rosenwasser und Orangenblütenwasser werden vorwiegend zur Aromatisierung von Süßspeisen und Gebäck verwendet.

Mohn

Mohn ist seit Jahrtausenden ein beliebtes Genuss- und Nahrungsmittel und angenehm nussig im Geschmack. Mit bis zu fünfzig Prozent Fettgehalt sind die reifen Samen des Schlafmohns äußerst kalorienreich.

Yufka-Blätter

Yufka-Blätter sind hauchdünn ausgewalzte, fast durchsichtige Teigplatten, die lediglich aus Mehl, Wasser und Salz bestehen. Der Teig wird sowohl für salzige als auch für süße Backwaren verwendet.

Haselnuss

Auch die Haselnuss ist eine Zureisende und kommt ursprünglich aus der Schwarzmeerküstenregion sowie aus China. Sie ist ein wahrer Energielieferant und gehackt oder gemahlen eine beliebte Zutat beim Backen.

Sesam und Tahini-Sesampaste

Die Tahini-Sesampaste ist besonders im mittleren Osten beliebt und besteht hauptsächlich aus fein gemahlenen Sesamkörnern. Die Paste wird traditionell als Beilage, Dip oder Brotaufstrich gegessen, schmeckt wohl portioniert jedoch auch in Gebäck äußerst lecker.

Mandel

Die Mandel ist die eiweißreichste Nuss unter ihren Artgenossen und stammt aus Kleinasien. Sie ist vielfältig verwendbar und wird gemahlen, gehackt oder geschält für Gebäck und Süßspeisen verwendet.

Orientalische Alltagsleckereien

Granatapfel-Tarte

ZUTATEN

3 EL Magerquark • 80 g Zucker • 1 Pck. Vanillezucker • 1 Ei (M) • 3 EL Pflanzenöl • 1 Msp. Salz
2 Msp. gemahlener Sternanis • 80 g Kokosraspel • 150 g Mehl • 1 ½ TL Backpulver • 3-4 Kiwis • 1 Granatapfel
2-3 EL Aprikosenkonfitüre

Vorbereitungszeit: 10 Minuten • Backzeit: 20-25 Minuten • für ca. 12 Stück

1 Den Backofen auf 180 °C Ober-/Unterhitze (160 °C Umluft) vorheizen.

2 Den Quark, den Zucker, den Vanillezucker, das Ei, das Öl und die Gewürze verrühren. Dann die Kokosraspel, das Mehl und das Backpulver miteinander mischen und vorsichtig unterrühren.

3 Den Teig gleichmäßig in eine mit Backpapier ausgelegte Springform (ø 26 cm) geben, die Ofentemperatur auf 160 °C (140 °C) senken und den Kuchen 20-25 Minuten backen. Ca. 15 Minuten abkühlen lassen, das Papier abziehen und den Kuchenboden auf eine Tortenplatte legen.

4 Die Kiwis schälen und in Scheiben schneiden und die Kerne aus dem Granatapfel herauslösen. Die Aprikosenkonfitüre mit einem Löffel auf dem Kuchenboden verstreichen und nach Belieben mit den Früchten belegen.

Syrischer Grießkuchen

ZUTATEN

Für den Teig:
250 g Weichweizengrieß • 100 g Zucker • 250 g Naturjoghurt • 200 ml Pflanzenöl
1 EL Backpulver • ca. 30 g gehackte Pistazien

Für den Sirup:
350 g Zucker • 300 ml Wasser • 1 Spritzer Zitronensaft • 1 EL Rosenwasser • 3 EL Honig

Vorbereitungszeit: 15 Minuten • Backzeit: 30 Minuten • für ca. 24 Stück

1 Alle Teigzutaten bis auf die Pistazien in eine Schüssel geben und miteinander verrühren. Die Masse eine halbe Stunde lang ruhen lassen, bis der Grieß schön aufgequollen ist. In eine gefettete Springform (ø 32 cm) geben und für ca. 30 Minuten bei 200 °C Ober-/Unterhitze (180 °C Umluft) in den Ofen schieben.

2 Den Zucker in einem kleinen Topf im Wasser auflösen. Den Zitronensaft und das Rosenwasser dazugeben und drei Minuten einkochen lassen, bis ein dickflüssiger Sirup entsteht. Zuletzt den Honig in den Sirup rühren.

3 Nun den Sirup auf dem noch heißen Kuchen gleichmäßig verteilen. Die gehackten Pistazien darüber streuen und den Kuchen in rautenförmige Stücke schneiden.

Mandelkuchen

ZUTATEN

4 Eier (M) • 150 g Zucker • 2 EL Honig • 100 g gemahlene Mandeln • 100 g gemahlene Haselnüsse
1 Prise Backpulver • 1 TL gemahlener Kardamom

Für den Guss und die Garnierung:
200 g Zartbitterkuvertüre • 20 g gehackte Mandeln • 20 g Pistazien

Vorbereitungszeit: 10 Minuten • Backzeit: 20–25 Minuten • für ca. 12 Stück

1 Als Erstes die Eier trennen, die Eiweiße steif schlagen und den Eischnee in den Kühlschrank stellen.

2 Die Eigelbe mit dem Zucker gut verrühren und den Honig, die Mandeln, die Haselnüsse, das Backpulver und den Kardamom dazugeben, bis eine homogene Masse entsteht. Dann das Eiweiß langsam unter die Masse heben und diese in eine gefettete Springform (ø 26 cm) füllen. Den Teig glatt streichen.

3 Den Kuchen im vorgeheizten Backofen bei 180° C Ober-/Unterhitze (160 °C Umluft) ca. 20–25 Minuten goldbraun backen.

4 Die Kuvertüre im Wasserbad schmelzen und den ausgekühlten Kuchen damit überziehen. Mit den gehackten Mandeln und Pistazien nach Belieben verzieren.

Dattel-Blondies

ZUTATEN

Für den Teig:
150 g weiße Schokolade • 100 g Butter • 150 g Mehl • 1 TL Zimt • je 1 Prise gemahlener Kardamom und Koriander 1 TL Natron • 3 Eier (M) • 50 g Zucker • 1 EL + 1 EL Honig • Abrieb von 1 Orange • 150 g Naturjoghurt 50 g gemahlene Walnüsse • 50 g gemahlene Haselnüsse • 100 g getrocknete Datteln • Saft von 1 Orange

Für den Guss und die Garnierung:
150 g weiße Schokolade • 12 Walnusshälften

Vorbereitungszeit: 15-20 Minuten • Backzeit: ca. 20 Minuten • für ca. 12 Stück

1 Die Schokolade im Wasserbad schmelzen. Anschließend die Butter unter die flüssige Schokolade rühren und beiseite stellen.

2 Das Mehl mit dem Zimt, dem Kardamom, dem Koriander sowie dem Natron mischen.

3 Jetzt die Eier mit dem Zucker und 1 EL Honig sehr cremig schlagen und die Schokomasse mit dem Orangenabrieb unterrühren. Die Mehlmischung über den Teig sieben und mit dem Joghurt vorsichtig unterheben.

4 Die Nüsse mit den klein geschnittenen Datteln unterheben. Den Teig in eine gefettete, viereckige Form (37cm x 25 cm) füllen und im vorgeheizten Ofen bei 200 °C Ober-/Unterhitze (180 °C Umluft) ca. 20 Minuten backen.

5 Den Orangensaft mit dem restlichen Honig erhitzen und gleichmäßig über den Kuchen gießen. Diesen zuvor mit einem Schaschlikstäbchen mehrmals einstechen. Den Kuchen in der Form auskühlen lassen, damit der Saft einzieht.

6 Die Form abnehmen und den Kuchen mit der weißen geschmolzenen Schokolade für den Guss überziehen. Mit Walnusshälften garnieren und kühl stellen. Anschließend in Stücke schneiden.

Pistazien-Marmorkuchen

ZUTATEN

Für den Teig:

135 g Butter • 200 g Zucker • 3 Eier (M) • 250 g Magerquark • Abrieb von 2 Orangen • 1 TL Orangenblütenwasser
300 g Mehl • 1 Pck. Backpulver • 1 Prise Salz • 1 TL gemahlener Anis • 80 g gemahlene Pistazien

Für den Guss:

200 g Puderzucker • ca. 3-4 EL Orangensaft • 45 g gehackte Pistazien • Zesten von 1 Orange

Vorbereitungszeit: 10-15 Minuten • Backzeit: 55 Minuten • für ca. 12 Stück

1 Den Backofen auf 180 °C Ober-/Unterhitze (160 °C Umluft) vorheizen.

2 Die Butter mit dem Zucker sehr cremig rühren. Danach die Eier einzeln unterrühren und den Quark sowie den Orangenabrieb und das Orangenblütenwasser schrittweise einarbeiten.

3 Das Mehl mit dem Backpulver, den Gewürzen und den Pistazien mischen und unter die Masse heben.

4 Den Teig in eine gefettete Gugelhupfform (ø 26 cm) füllen. Den Kuchen ca. 55 Minuten backen, stürzen und auskühlen lassen.

5 Zum Schluss den Puderzucker und den Orangensaft zu einem dickflüssigen Guss verrühren und diesen über den Kuchen geben. Die gehackten Pistazien und Orangenzesten schnell auf den Guss streuen.

Schoko-Chili-Kuchen

ZUTATEN

Für den Teig:
100 g Zartbitterschokolade • 100 g Butter • 150 g Zucker • 150 g Mehl • 1 EL Backpulver • 5 EL Kakaopulver
1,5 TL getrocknete Chiliflocken • 1 TL gemahlener Kardamon • 1 Ei (M) • 1 Eigelb (M) • 100 ml Milch

Für die Füllung:
200 g Erdbeeren • 1 Granatapfel • 350 g Schlagsahne • 2 TL + 2 TL Puderzucker • 1 Pck. Sahnesteif

Vorbereitungszeit: 20 Minuten • Backzeit: 45 Minuten • für ca. 12 Stück

1 Die Schokolade in grobe Stücke brechen und mit der Butter und dem Zucker im Wasserbad schmelzen. Lauwarm abkühlen lassen.

2 Das Mehl, das Backpulver, den Kakao und die Gewürze grob vermengen und beiseite stellen. Dann das Ei, das Eigelb und die Milch gut miteinander verquirlen und die geschmolzene Schokolade unterrühren. Die Mehlmischung in mehreren Schritten einsieben, sodass ein homogener Teig entsteht.

3 Nun den Teig in eine gefettete Springform (ø 26 cm) füllen und den Kuchen im vorgeheizten Backofen bei 160° C Ober-/Unterhitze (140 °C Umluft) ca. 45 Minuten backen. In der Form auskühlen lassen.

4 Für die Kuchenfüllung die Erdbeeren waschen, putzen und in Scheiben schneiden. Anschließend den Granatapfel schälen und die Kerne herauslösen. Dann die Sahne mit 2 TL Puderzucker und dem Sahnesteif steif schlagen.

5 Den Kuchen aus der Form lösen und einmal waagrecht halbieren. Eine Hälfte mit der Sahne bestreichen und mit den Erdbeerscheiben und Granatapfelkernen belegen. Die zweite Hälfte auflegen und mit dem restlichen Puderzucker bestäuben.

Gefüllter Käsekuchen

ZUTATEN

Für den Teig:
350 g Mehl • 100 g gemahlene Mandeln • 250 g Butter • 100 g brauner Zucker • 4 EL Wasser
1 TL Zimt • Abrieb von 1 Zitrone

Für die Käsemasse:
5 Eier (M) • 400 g Frischkäse • 700 g Magerquark • 100 g Weichweizengrieß • 100 g brauner Zucker
1 TL Zimt • 1 TL gemahlener Kardamom • ½ TL gemahlener Ingwer • 1 TL gemahlene Bourbonvanille
Abrieb von 1 Zitrone • 1 EL Orangensaft • 1 Prise Salz

Für die Füllung:
200 g getrocknete Feigen • 200 g getrocknete Aprikosen

Vorbereitungszeit: 35 Minuten • Backzeit: 60 Minuten • für ca. 12 Stück

1 Alle Teigzutaten zu einem glatten Teig verkneten und diesen in Folie gewickelt ca. 30 Minuten kühl stellen.

2 Die Eier trennen und die Eigelbe mit dem Frischkäse, dem Quark, dem Grieß, dem Zucker, den Gewürzen, den Zitronenzesten und dem Saft verrühren. Anschließend die Eiweiße mit dem Salz steif schlagen und vorsichtig unter die Masse heben.

3 Den Backofen auf 180 °C Ober-/Unterhitze (160 °C Umluft) vorheizen. In der Zwischenzeit die Feigen und die Aprikosen für die Füllung fein hacken.

4 Nun eine Springform (ø 26 cm) ausfetten und leicht mit Mehl ausstäuben. Den Teig kreisförmig ausrollen (ø 36 cm) und die Form so damit auslegen, dass ein 5 cm hoher Rand entsteht.

5 Die Käsemasse teilen und die erste Hälfte gleichmäßig auf dem Boden verstreichen. Die Trockenfrüchte darauf legen und mit der restlichen Käsemasse bedecken.

6 Den Käsekuchen für ca. 30 Minuten in den vorgeheizten Backofen schieben. Dann die Temperatur auf 160 °C (140 °C) senken und weitere 30 Minuten backen. Den Kuchen vorsichtig aus der Form lösen und auf einem Kuchengitter auskühlen lassen.

Kurkuma-Schnitten

ZUTATEN

Für den Teig:
500 g Mehl • 300 g Zucker • 300 ml Pflanzenöl • 2 TL Backpulver • ½ TL Natron • 2 TL Kurkumapulver
1 EL gemahlener Anis • 1 TL Mahlab • 150 ml Wasser • 1 TL Tahini-Sesampaste

Für die Garnitur:
ca. 15 geschälte Mandeln

Vorbereitungszeit: 10 Minuten • Backzeit: 30 Minuten • für ca. 25 Stück

1 Alle Zutaten bis auf das Wasser und die Tahini-Paste in einer Schüssel vermengen. Das Wasser nach und nach dazugeben und die Masse zu einem weichen Teig verarbeiten.

2 Eine Springform (ø 30 cm) gleichmäßig mit der Sesampaste ausstreichen und den Teig in die Form geben.

3 Die Mandeln längs halbieren und leicht eindrücken, sodass später kleine Stücke mit je einer Mandelhälfte geschnitten werden können. Im vorgeheizten Backofen etwa 30 Minuten bei 180 °C Ober-/Unterhitze (160 °C Umluft) goldbraun backen. Den Kuchen nach dem Auskühlen in kleine Rechtecke schneiden.

Granatapfel-Puddingkuchen

ZUTATEN

Für den Teig:
250 g Butter • 225 g Zucker • 250 g Mehl • 5 Eier (M) • 1 TL Backpulver • 1 Prise Salz

Für die Füllung:
1 ½ l Milch • 3 Pck. Vanillepudding • 1 Prise Zimt • 1 Prise gemahlener Kardamon • 120 g Zucker
1 Granatapfel • 1 Pck. Butterkekse

Für den Guss und die Garnierung:
200 g Zartbitterkuvertüre • Granatapfelkerne • 20 g gehackte Pistazien

Vorbereitungszeit: 20 Minuten • Backzeit: 25 Minuten • für ca. 16 Stück

1 Alle Zutaten für den Teig in eine Rührschüssel geben und mit dem Handmixer zu einer lockeren Masse verrühren. Den Teig in eine mit Backpapier ausgelegte Auflaufform geben (30 cm x 30 cm) und im vorgeheizten Ofen bei 180 °C Ober-/Unterhitze (160 °C Umluft) ca. 25 Minuten goldgelb backen.

2 Währenddessen ¼ l Milch mit dem Puddingpulver, dem Zimt und dem Kardamom verrühren. Die restliche Milch und den Zucker in einem Topf erhitzen und die Pudding-Milch in die heiße Milch geben. Unter Rühren kurz aufkochen lassen und danach vom Herd nehmen. Den Pudding abkühlen lassen und ab und an noch einmal umrühren, damit sich keine Haut bildet.

3 Den noch warmen Kuchenboden stürzen, vom Backpapier lösen und wieder zurück in die Form legen. Nun den Pudding gleichmäßig auf dem Boden verteilen, Granatapfelkerne locker darüber streuen und vollständig mit den Keksen bedecken. Den Kuchen vollends auskühlen lassen.

4 Die Kuvertüre im Wasserbad schmelzen und über den Kuchen geben. Mit Granatapfelkernen und gehackten Pistazien verzieren und 30 Minuten kaltstellen. In kleine Stücke schneiden.

Kardamom-Gugelhupf

ZUTATEN

200 g Zartbitterkuvertüre • 250 g Butter • 150 ml Milch • 300 g brauner Zucker • 1 Pck. Vanillezucker
250 g Mehl • 50 g Kakaopulver • 1 Pck. Backpulver • 1 EL gemahlener Kardamom • 100 g Magerquark
5 Eier (M) • 50 g Puderzucker

Vorbereitungszeit: 15 Minuten • Backzeit: 60–65 Minuten • für ca. 14 Stück

1 Die Kuvertüre grob hacken und mit der Butter, der Milch, dem Zucker und dem Vanillezucker in einem Topf bei niedriger Hitze erwärmen, bis die Schokolade geschmolzen ist. Abkühlen lassen.

2 Mehl, Kakao, Backpulver und Kardamom in einer Schüssel miteinander vermengen und mit der noch lauwarmen Schokoladenmasse mit dem Handmixer zu einem glatten Teig verrühren.

3 Den Quark unterrühren und anschließend die Eier schrittweise unterarbeiten.

4 Den Teig in eine gefettete Gugelhupfform (ø 26 cm) geben und im vorgeheizten Ofen bei 160 °C Ober-/Unterhitze (140 °C Umluft) etwa 60–65 Minuten backen. Auskühlen lassen und mit etwas Puderzucker bestäuben.

Birnen-Mohnkuchen

ZUTATEN

Für den Teig:
4–5 Birnen • 4 Eier (M) • 150 g Zucker • 150 g Hartweizengrieß • 100 g Blaumohn • 250 g Pflanzenöl
2 TL Naturjoghurt • 1 TL gemahlener Anis • 1 TL Backpulver

Für die Creme und die Garnierung:
400 g Sahne • 2 TL+4 TL Sahnesteif • 250 g Magerquark • 1 Birne

Vorbereitungszeit: 20 Minuten • Backzeit: 40–45 Minuten • für ca. 12 Stück

1 Die Birnen schälen und in kleine, etwa 0,5 cm große Stückchen schneiden.

2 Nun die Eier und den Zucker sehr cremig rühren. Dann die restlichen Teigzutaten hinzugeben und gut verrühren. Die Birnenstückchen unterheben und den Teig in einer gefetteten Springform (ø 26 cm) im vorgeheizten Backofen bei 170 °C Ober-/Unterhitze (150 °C Umluft) ca. 40–45 Minuten backen. Den Kuchen auskühlen lassen.

3 Für die Creme die Sahne mit 2 TL Sahnesteif steif schlagen. Dann in einer separaten Schüssel den Quark und 4 TL Sahnesteif miteinander vermengen. Die Sahne vorsichtig unter die Quarkmasse heben und gleichmäßig auf den Kuchen streichen. Etwa 3 Stunden kaltstellen und mit Birnenschnitzen und Mohn verzieren.

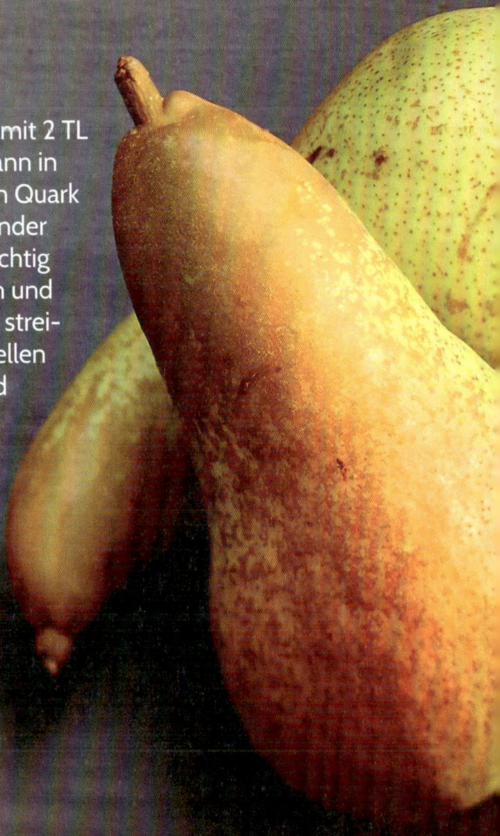

Arabischer Honigkuchen

ZUTATEN

Für den Teig:
75 g Butter • 3 EL Sahne • 3 Eier (M) • 125 g Zucker • 1 Pck. Vanillezucker • 150 g Mehl • ½ Pck. Backpulver

Für das Topping:
100 g Butter • 2 EL Sahne • 80 g Zucker • 80 g Honig • 150 g Mandelblättchen • 1 TL Zimt
Abrieb von ½ Orange • 2 EL Aprikosenkonfitüre

Vorbereitungszeit: 10–15 Minuten • Backzeit: 25–30 Minuten • für ca. 12 Stück

1 Die Butter in einem kleinen Topf bei niedriger Temperatur schmelzen und beiseite stellen. Auskühlen lassen und die Sahne unterrühren.

2 Die Eier, den Zucker und den Vanillezucker sehr schaumig rühren. Dann das Mehl und das Backpulver gut miteinander vermengen, über den Teig sieben und unterheben. Zuletzt die Butter-Sahne dazugeben.

3 Den Teig in eine gefettete Springform (ø 26 cm) füllen und im vorgeheizten Backofen bei 200 °C Ober-/Unterhitze (180 °C Umluft) ca. 12–15 Minuten backen.

4 Für das Topping die Butter schmelzen und die Sahne, den Zucker, den Honig, die Mandelblättchen, den Zimt und den Orangenabrieb dazugeben. Kurz aufkochen lassen und auf den Kuchen streichen. Noch einmal für weitere 12–15 Minuten in den Ofen schieben. Auskühlen lassen.

5 Die Aprikosenkonfitüre in einem Topf vorsichtig erhitzen, bis sie flüssig ist. Dann den Kuchen großzügig damit bestreichen.

Mozzarella-Knafeh

ZUTATEN

200 ml Wasser • 200 g Zucker • 1 TL Zitronensaft • 1 EL Rosenwasser • 6 große Mozzarellakugeln
100 g Butter • 225 g Zwieback • 20 g gehackte Pistazien

Vorbereitungszeit: 20 Minuten • Backzeit: 25–30 Minuten • für ca. 12 Stück

1 Das Wasser zum Kochen bringen, den Zucker dazugeben und warten, bis er vollkommen aufgelöst ist. Den Zitronensaft und das Rosenwasser hinzufügen und 6–8 Minuten weiter köcheln lassen, bis ein dickflüssiger Sirup entsteht.

2 Jetzt den Mozzarella in dünne Scheiben schneiden. Die Scheiben in ein Geschirrtuch legen und das Wasser im Käse gut ausdrücken.

3 Die Butter in einem kleinen Topf schmelzen. Währenddessen den Zwieback im Mixer zerkleinern und fein sieben. Die geschmolzene Butter über den Zwieback geben und einen Teig daraus kneten.

4 Den Teig in eine gefettete Form (30 cm x 30 cm) geben. Der Boden sollte etwa 0,5–1 cm dick sein. Zuletzt den Käse gleichmäßig darauf verteilen und die Form in den vorgeheizten Ofen bei 180 °C Ober-/Unterhitze (160 °C Umluft) schieben. Etwa 25–30 Minuten backen.

5 Den noch warmen Kuchen auf ein Brett stürzen und mit dem Zuckersirup übergießen. Kleine Rechtecke schneiden und mit gehackten Pistazien verzieren.

Orientalisches Festtagsgebäck

Exotische Schwarzwälder Kirschtorte

ZUTATEN

Für den Teig:
80 g Butter • 6 Eier (M) • 5 EL heißes Wasser • ½ TL Vanilleextrakt • 180 g Zucker • 80 g Mehl • 80 g Speisestärke
1 TL Backpulver • 30 g Kakaopulver • 1 Prise Salz

Für die Füllung:
1 Glas Sauerkirschen • 2 Pck. Vanillepudding • 300 ml Kirschsaft • 2 Pck. Vanillezucker
1 TL + 20 ml Rosenwasser • 1 Prise Zimt • 1 Granatapfel • 800 g Sahne • 2 Pck. Sahnesteif • 250 g Magerquark
2 EL Zucker • 6 Blatt Gelatine

Vorbereitungszeit: 20–30 Minuten • Backzeit: 25–30 Minuten • für ca. 12 Stück

1 Den Kuchenboden am Vorabend backen. Dazu zunächst die Butter schmelzen und beiseite stellen. Dann die Eier schön schaumig schlagen und nach und nach das Wasser, das Vanilleextrakt und den Zucker einrühren. Die Masse mindestens für weitere 15 Minuten weiter schlagen, bis sie eine gelb-weißliche Farbe annimmt.

2 Das Mehl, die Stärke, das Backpulver, den Kakao und das Salz vermengen und schrittweise über den Teig sieben. Vorsichtig unterheben. Den Teig in eine mit Backpapier ausgelegte Springform (ø 26 cm) füllen und im vorgeheizten Backofen bei 175 °C Ober-/Unterhitze (155 °C Umluft) ca. 25–30 Minuten backen. Auskühlen lassen und am darauffolgenden Tag waagerecht in drei Teile schneiden.

3 Die Kirschen in ein Sieb schütten und abtropfen lassen. Das Puddingpulver mit dem Kirschsaft, 1 Päckchen Vanillezucker, 1 TL Rosenwasser und dem Zimt verrühren und langsam zu einem Pudding aufkochen lassen.

4 Den Granatapfel entkernen und drei Handvoll Kerne sowie 12 Kirschen beiseite legen. Die restlichen Kerne und Kirschen unter den Pudding heben. Immer wieder rühren, damit sich keine Klumpen bilden.

5 Die Sahne mit dem restlichen Vanillezucker und dem Sahnesteif steif schlagen. Anschließend den Quark mit dem Zucker glattrühren und die Sahne vorsichtig unterheben. Die Gelatine nach Packungsangabe auflösen und ebenfalls unterheben.

6 Jetzt die Kuchenböden mit dem restlichen Rosenwasser beträufeln und den Tortenring vorbereiten. Den untersten Boden einlegen, die Puddingmasse gleichmäßig darauf verteilen und mit einem Drittel Sahne bestreichen. Den zweiten Boden auflegen, leicht andrücken und mit einem weiteren Drittel Sahne bestreichen sowie mit Granatapfelkernen belegen. Zum Schluss den letzten Kuchenboden auflegen und die restliche Sahne gleichmäßig verteilen. Mit den restlichen Kirschen und Granatapfelkernen verzieren. Mindestens 2 Stunden kühl stellen.

Kataifi-Schnitten mit Ashta-Creme

ZUTATEN

Für die Creme:
6 Scheiben Toast • 300 ml Milch • 400 g Sahne • 5 EL Maisstärke • 100 ml Wasser

Für den Teig:
200 g Butter • 750 g feine Teignudeln (in türkischen und griechischen Lebensmittelläden unter dem Namen Kataifi zu finden)

Für den Sirup:
300 g Zucker • 150 ml Wasser • 1 TL Zitronensaft • 1 TL Orangenblütenwasser • 1 TL Rosenwasser

Vorbereitungszeit: 20 Minuten • Backzeit: 20 Minuten • für ca. 12 Stück

1 Als Erstes die Creme herstellen. Dafür die Rinde vom Toast entfernen und das Brot in kleine Würfel schneiden. In einen Topf geben und mit der Milch und der Sahne übergießen. Mindestens 3 Stunden im Kühlschrank ziehen lassen.

2 Jetzt die Maisstärke im Wasser auflösen. Dann die eingeweichte Brotmasse bei mittlerer Hitze unter Rühren erwärmen und die Stärke dazugeben, sobald die Milch heiß wird. So lange weiterrühren, bis eine dicke Masse entsteht. Auskühlen lassen und für 30 Minuten in den Kühlschrank stellen.

3 Für den Teig die Butter schmelzen und in einer Schüssel mit den ungekochten Nudeln vermengen. Darauf achten, sodass jede Nudel mit Butter überzogen ist.

4 Die Hälfte der Nudeln gleichmäßig in einer gefetteten Springform (ø 26 cm) verteilen und die Creme darüber geben. Mit den restlichen Nudeln bedecken und im vorgeheizten Ofen bei 180 °C Ober-/Unterhitze (160 °C Umluft) ca. 20 Minuten goldbraun backen.

5 Während der Kuchen im Ofen ist den Sirup herstellen. Den Zucker und das Wasser in einen kleinen Topf geben und unter Rühren erhitzen, bis sich der Zucker aufgelöst hat. Das Zuckerwasser zum Kochen bringen, den Zitronensaft hinzugeben und bei mittlerer Hitze weitere 10 Minuten köcheln lassen, bis ein dickflüssiger Sirup entsteht. Das Orangenblüten- und Rosenwasser dazu geben und in eine große Schüssel gießen.

6 Den noch warmen Kuchen mit dem Zuckersirup begießen und am besten warm servieren.

Datteltörtchen mit Orangenguss

ZUTATEN

Für den Teig:
100 g Butterkekse • 60 g Butter

Für die Creme:
100 g getrocknete Datteln • 300 ml Milch • 2 TL gemahlener Kardamom • 3 Blatt Gelatine

Für den Guss:
150 ml Orangensaft • 2 TL Vanillezucker • 1 Blatt Gelatine • Zesten von 1 Orange

Vorbereitungszeit: 30 Minuten • Kühlzeit: 4-5 Stunden • für 4 Stück

1 Als Erstes die Butterkekse im Mixer fein zerkleinern. Dann die Butter schmelzen und mit den Keksen vermengen, sodass ein geschmeidiger Teig entsteht. Vier Dessertringe (ø 7,5 cm) auf ein mit Backpapier belegtes Brett stellen und den Teig in die Ringe füllen und festdrücken. Für mindestens eine Stunde in den Kühlschrank stellen.

2 Währenddessen die Datteln entsteinen, in kleine Stücke hacken und mit der Milch und dem Kardamom kurz aufkochen. Das Ganze eine Stunde ziehen lassen.

3 Die Dattel-Milch in den Mixer geben, pürieren und durch ein feines Sieb zurück in den Topf streichen. Noch einmal erwärmen und die Gelatine unter Rühren darin auflösen. Abkühlen lassen.

4 Jetzt die Creme gleichmäßig auf den Keksböden verteilen und erneut kaltstellen.

5 Für den Guss den Orangensaft mit dem Vanillezucker langsam erhitzen und die Gelatine darin auflösen. Kurz aufkochen lassen und über die Törtchen gießen. Mit den Orangenzesten verzieren. Für weitere 3–4 Stunden in den Kühlschrank stellen. Die Dessertringe erst kurz vor dem Servieren entfernen.

Orientalische Charlotte

ZUTATEN

Für den Teig:
4 Eier (M) • 125 g Zucker • 1 Pck. Vanillezucker • 125 g Mehl • 1 Msp. Backpulver

Zum Bestreichen:
4 EL Kirschkonfitüre

Für die Creme:
1 Zitrone • 500 g Magerquark • 125 g Zucker • 1 TL Rosenwasser • 3 Blatt Gelatine • 100 g Erdbeeren
1 Granatapfel • 200 g Sahne

Vorbereitungszeit: 30 Minuten • Backzeit: 10–12 Minuten • für ca. 12 Stück

1 Die Eier trennen und die Eigelbe mit dem Zucker und dem Vanillezucker sehr cremig schlagen. Dann das Mehl mit dem Backpulver mischen, über den Teig sieben und einarbeiten. Anschließend die Eiweiße steif schlagen und vorsichtig unter den Teig heben.

2 Die Masse auf ein mit Backpapier ausgelegtes Blech streichen und im vorgeheizten Ofen bei 200 °C Ober-/ Unterhitze (180 °C Umluft) etwa 10–12 Minuten backen. Den Biskuit sofort auf ein mit Zucker bestreutes Geschirrtuch stürzen, das Backpapier abziehen und den Boden mit einem feuchten Tuch abdecken.

3 Die Kirschkonfitüre in einem kleinen Topf erhitzen und die Biskuitplatte damit bestreichen. Von der langen Seite her fest aufrollen. Auskühlen lassen und in etwa 24 Scheiben schneiden.

4 Die Zitrone abreiben und auspressen. Den Quark mit dem Zucker, dem Rosenwasser, dem Zitronensaft und den Zesten verrühren. Danach die Gelatine gemäß Packungsangabe einweichen und auflösen und unter die Quarkmasse rühren. Kalt stellen.

5 Die Erdbeeren würfeln und den Granatapfel entkernen. Ein paar Kerne für die Deko beiseite legen. Dann die Sahne steif schlagen und mit den Früchten unter den Quark heben.

6 Eine Glasschüssel (ca. ø 1,5–2 l Volumen) mit Klarsichtfolie auslegen und die Biskuitscheiben dicht an dicht in die Schüssel legen. Kleine Löcher ggf. mit Granatapfelkernen verschließen. Die Creme über die Scheiben geben und glattstreichen. Für mindestens 4 Stunden kalt stellen. Auf eine Tortenplatte stürzen und mit Granatapfelkernen und Erdbeeren garnieren.

Rosenwasser-Törtchen

ZUTATEN

Für den Teig:
2 Eier (M) • 6 EL Milch • 6 EL Pflanzenöl • 100 g Zucker • 150 g Mehl • 2 gestr. TL Backpulver

Für den Pudding:
4 EL Maisstärke • 500 ml Milch • 1 EL Rosenwasser • 150 g Puderzucker • 1 Prise Mahlab

Für den Belag:
Erdbeeren • 2 Kiwis • Granatapfel

Vorbereitungszeit: 20–25 Minuten • Backzeit: 12–15 Minuten • für ca. 12 Stück

1 Alle Teigzutaten in eine kleine Rührschüssel geben und miteinander vermengen. Die Torteletteförmchen (ø 10 cm) einfetten, mit dem Teig auslegen und mit einer Gabel einstechen. Dann die Förmchen im vorgeheizten Ofen bei 170 °C Ober-/Unterhitze (150 °C Umluft) ca. 12–15 Minuten backen. Auf ein Kuchengitter stürzen und auskühlen lassen.

2 Für den Pudding die Maisstärke mit etwas Milch glattrühren. Danach Schritt für Schritt die restliche Milch, das Rosenwasser, den Puderzucker und das Mahlab hinzufügen und alles zu einem homogenen Gemisch verrühren. Bei leichter Hitze zu einer Puddingmasse aufkochen.

3 Die Erdbeeren und die Kiwis in mundgerechte Stücke schneiden und die Kerne aus dem Granatapfel herauslösen.

4 Den noch heißen Pudding auf die Törtchen verteilen und sofort mit den Früchten belegen.

Schoko-Minze-Tarte

1 Glas Sauerkirschen • 1 Handvoll frische Minze • 300 ml Milch • 3 EL Kirschkonfitüre • 200 g Mehl
100 g Zucker • 3 TL Natron • 3 EL Kakaopulver • 50 g Schokostreusel • 100 g Zartbitterkuvertüre

Vorbereitungszeit: 15 Minuten • Backzeit: 15 Minuten • für ca. 12 Stück

1 Als Erstes die Kirschen in ein Sieb schütten und gut abtropfen lassen.

2 Die Minze waschen, grob hacken und in die Milch geben. Gemeinsam mit der Kirschkonfitüre im Mixer pürieren.

3 Das Mehl, den Zucker, das Natron und den Kakao gut vermischen und in eine Rührschüssel sieben. Dann die Milch dazu gießen und gut mit dem Handmixer verrühren, sodass keine Klümpchen entstehen.

4 Die Kirschen und die Schokostreusel unterheben und den Teig in eine gefettete Springform (ø 26 cm) geben. Gleichmäßig verteilen und im vorgeheizten Backofen bei 200 °C Ober-/Unterhitze (180 °C Umluft) ca. 15 Minuten backen. Auskühlen lassen.

5 Zum Schluss die Kuvertüre im Wasserbad schmelzen und über den Kuchen streichen. Kalt stellen und mit Minze dekorieren.

Orientalisches Fingerfood

Wabenkuchen

ZUTATEN

Für den Teig:
200 ml Milch • 1 EL Zucker • 2 EL Trockenhefe • 550 g Mehl • 1 TL Backpulver
1 TL Mahlab • 1 TL gemahlener Anis • ¼ TL gemahlener Fenchel • 1 Prise Salz • 75 g Zucker
100 ml Pflanzenöl • 1 Ei (M) • 1 TL Vanillezucker • 2 EL Naturjoghurt

Für die Füllung und die Garnierung:
125 g getrocknete Datteln • 2 EL Butter • 100 ml Milch • 1 Prise Zimt, gemahlener Anis und Mahlab
1 Eigelb (M) • etwas Schwarzkümmel und Sesam

Vorbereitungszeit: 30 Minuten • Backzeit: 20 Minuten • für ca. 17 Stück

1 Alle Teigzutaten miteinander vermengen, gut durchkneten und ca. 1 Stunde an einem warmen Ort ruhen lassen.

2 Die Datteln klein schneiden und mit der Butter und der Milch sowie den Gewürzen in einen Topf geben. Bei mittlerer Hitze so lange rühren, bis eine homogene Masse entsteht. Abkühlen lassen.

3 Den Teig zu 17 kleinen Kugeln formen und plattdrücken. Auf jedes Teigstück etwas Dattelmasse geben und mit Teig umhüllen.

4 Die Teigkugeln kreisförmig nebeneinander in eine gefettete Springform (ø 26 cm) legen und mit dem Eigelb bestreichen. Mit dem Schwarzkümmel und dem Sesam bestreuen. Im vorgeheizten Ofen bei 180 °C Ober-/Unterhitze (160 °C Umluft) ca. 20 Minuten backen.

Arabische Butterkekse

ZUTATEN

400 g Ghee-Butter • 300 g Puderzucker • 400 g Mehl • 40 Pistazien

Vorbereitungszeit: 90 Minuten • Backzeit: 20 Minuten • für ca. 40 Stück

1 Die zimmerwarme Butter und den Puderzucker zu einer Paste verrühren.

2 Das Mehl nach und nach darüber sieben und alles zu einem weichen Teig verkneten. Sollte der Teig zu klebrig sein, noch etwas Mehl hinzufügen. Für etwa 1 Stunde kaltstellen.

3 Jetzt walnussgroße Kugeln zwischen den Händen rollen und mit ca. 1 cm Abstand auf ein mit Backpapier ausgelegtes Blech legen. Die Kugeln platt drücken und mit je einer Pistazie verzieren.

4 Die Kekse in den vorgeheizten Backofen schieben und bei 180 °C Ober-/Unterhitze (160 °C Umluft) 20 Minuten backen, bis sie etwas Farbe angenommen haben.

Haselnuss-Orangen-Röllchen

ZUTATEN

2 große Orangen • 400 g gemahlene Haselnüsse • 6 EL Honig • 1 TL Zimt • 1 Msp. gemahlener Anis
3 EL Orangenblütenwasser • 12 Yufka-Blätter (dreieckig) • 100 g Butter • 2 TL Puderzucker

Vorbereitungszeit: 30 Minuten • Backzeit: 20 Minuten • für ca. 12 Stück

1 Zunächst eine Orange schälen und in kleine Stücke schneiden. Den Saft dabei auffangen.

2 Die zweite Orange auspressen und mit den Nüssen, dem Honig, dem Zimt, dem Anis und dem Orangenblütenwasser vermengen. Danach die Orangenstücke unterheben.

3 Den Backofen auf 200 °C Ober-/Unterhitze (180 °C Umluft) vorheizen. In der Zwischenzeit die Yufka-Blätter auseinandernehmen und mit der Spitze nach vorne auf die Arbeitsfläche legen.

4 Die Butter schmelzen und den Teig damit gleichmäßig bestreichen.

5 Etwa 1–2 EL von der Haselnussmasse entlang der breiten Dreiecksseite verteilen. Die beiden anderen Seiten einschlagen und das Ganze zur Spitze hin aufrollen.

6 Das Gebäck mit der restlichen Butter bestreichen und für ca. 20 Minuten in den Ofen schieben. Die goldbraunen Röllchen auskühlen lassen und mit Puderzucker bestäuben.

Feigen-Dattel-Muffins

ZUTATEN

100 g getrocknete Feigen • 100 g getrocknete Datteln • 200 g Butter • 1 Prise Salz • 150 g Zucker
1 Pck. Vanillezucker • 3 Eier (M) • 275 g Mehl • 3 TL Natron • 1 TL Zimt • ½ TL gemahlener Muskat • 5 EL Milch

Vorbereitungszeit: 10 Minuten • Backzeit: 30–35 Minuten • für ca. 12 Stück

1 Die Feigen und die Datteln in kleine Stücke schneiden. Für die Verzierung von beiden Früchten jeweils etwa 3 Stück beiseite legen.

2 Nun die Butter, das Salz, den Zucker und den Vanillezucker so lange aufschlagen, bis eine dicke weiße Creme entsteht. Die Eier nacheinander unterrühren.

3 Das Mehl mit dem Natron und den Gewürzen gut mischen und gemeinsam mit der Milch unter den Teig rühren.

4 Zum Schluss die Trockenfrüchte mit einem Teigschaber vorsichtig unterheben. Den Teig auf die Muffinförmchen verteilen und im vorgeheizten Backofen bei 160 °C Ober-/Unterhitze (140 °C Umluft) etwa 30–35 Minuten backen. Mit Trockenfrüchten verzieren.

Apfel-Sigara Börek

ZUTATEN

4 Äpfel • 80 g gemahlene Haselnüsse • 80 g gemahlene Mandeln • 40 g Zucker • 1 TL Zimt • 1 TL gemahlener Anis
12 Yufka-Blätter (dreieckig) • 500 ml Pflanzenöl • 100 g Zucker

Vorbereitungszeit: 30 Minuten • Backzeit: 3–5 Minuten • für ca. 12 Stück

1 Zuerst die Äpfel schälen und fein raspeln, dann die Haselnüsse, die Mandeln, den Zucker, den Zimt und den Anis untermischen.

2 Die Yufka-Blätter auf der Arbeitsfläche ausbreiten und mit etwas Wasser befeuchten.

3 Nun etwa 1–2 EL der Apfel-Nuss-Masse entlang der breiten Seite verteilen. Die anderen Seiten einschlagen und das Ganze zur Spitze hin aufrollen.

4 Das Öl in einer Pfanne erhitzen und die Röllchen nacheinander bei mittlerer Hitze von allen Seiten goldbraun frittieren. Auf einem Küchentuch abtropfen lassen und noch warm in Zucker wälzen.

Haselnuss-Tahini-Schnecken

ZUTATEN

Für den Teig:
400 g Mehl • ½ Würfel Hefe • 180 ml Milch • 100 g Butter • 50 g Zucker • ½ TL Salz • 1 Ei (M)

Für die Füllung:
100 g Haselnüsse • 50 g Walnüsse • 2 TL Zimt • 1 TL gemahlener Anis • 1 Prise Mahlab • 50 g Butter
50 g Tahini-Sesampaste • 4 EL Honig • 50 g Zucker • 3 EL Aprikosenkonfitüre • 1 TL Wasser

Vorbereitungszeit: 30 Minuten • Backzeit: 25 Minuten • für ca. 12 Stück

1 Das Mehl, die Hefe, die Milch, die Butter, den Zucker, das Salz und das Ei in eine Schüssel geben, verkneten und zu einem leicht klebrigen Teig verarbeiten. An einem warmen Ort zugedeckt 1 Stunde aufgehen lassen, bis er etwa doppelt so groß ist.

2 Die Haselnüsse und die Walnüsse klein hacken. Mit Zimt, Anis und Mahlab bestäuben und in einer Pfanne ohne Fett leicht anrösten. Abkühlen lassen.

3 Jetzt die Butter in einer Tasse schmelzen und 2 EL für später beiseite stellen. Die restliche Butter, die Tahini-Paste und den Honig in einem Topf erwärmen und die gewürzten Nüsse sowie den Zucker dazugeben. Alles gut miteinander vermengen.

4 Den Teig auf die mit Mehl bestäubte Arbeitsfläche legen und mit dem Nudelholz zu einem Rechteck ausrollen. Die Nussmischung gleichmäßig darauf verteilen und den Teig von der langen Seite her kompakt aufrollen. Anschließend 12 gleich große, ca. 4 cm breite Schnecken zuschneiden.

5 Eine Springform (ø 26 cm) einfetten, den Rand dabei nicht vergessen. Die Schnecken mit 2 cm Abstand voneinander in die Springform setzen und mit der übrigen Butter bepinseln. Noch einmal 20 Minuten gehen lassen.

6 Im vorgeheizten Backofen bei 200 °C Ober-/Unterhitze (180 °C Umluft) ca. 25 Minuten goldbraun backen. Auskühlen lassen.

7 Zum Schluss die Aprikosenkonfitüre mit dem Wasser erhitzen, glattrühren und die Schnecken damit einpinseln.

Gefüllter Dattel-Snack

ZUTATEN

24 getrocknete Datteln • 12 Walnüsse • 30 g Frischkäse

Vorbereitungszeit: 15 Minuten • für 24 Stück

1 Die Datteln längs einschneiden und ggf. entsteinen.

2 Für den Dattel-Nuss-Snack die Walnüsse mit einem scharfen Messer in der Mitte teilen und pro Dattel zwei Hälften einstecken.

3 Für die Frischkäse-Variante mithilfe von zwei Teelöffeln kleine Käsenocken formen und die Datteln damit füllen.

Weitere Varianten

Wer möchte, kann die Datteln innen auch mit etwas geschmolzener Butter bestreichen oder in Zartbitterkuvertüre tauchen. Auch Pinienkerne, Pistazien oder eine Frischkäse-Nuss-Kombination schmecken als Füllung ganz hervorragend.

Süße Yufka-Zigarren

ZUTATEN

Für den Sirup:
300 g Zucker • 150 ml Wasser • 1 TL Zitronensaft • 1 TL Orangenblütenwasser • 1 TL Rosenwasser

Für die Creme:
6 Scheiben Toast • 300 ml Milch • 400 g Sahne • 5 EL Maisstärke • 100 ml Wasser

Für den Teig:
24 Yufka-Blätter (viereckig) • 500 ml Pflanzenöl • 25 g gehackte Pistazien

Vorbereitungszeit: 30 Minuten • Backzeit: 3-5 Minuten • für 24 Stück

1 Als Erstes den Sirup herstellen. Dafür den Zucker und das Wasser in einen kleinen Topf geben und unter Rühren erhitzen, bis sich der Zucker aufgelöst hat. Das Zuckerwasser zum Kochen bringen, den Zitronensaft hinzugeben und bei mittlerer Hitze weitere 10 Minuten köcheln lassen, bis ein dickflüssiger Sirup entsteht. Zuletzt das Orangenblüten- und Rosenwasser hinzugeben und den Sirup in eine große Schüssel gießen.

2 Für die Creme die Rinde vom Toast entfernen und das Brot in kleine Würfel schneiden. In einen Topf geben und mit der Milch und der Sahne übergießen. Mindestens 3 Stunden im Kühlschrank ziehen lassen.

3 Die Maisstärke im Wasser auflösen. Dann die eingeweichte Brotmasse bei mittlerer Hitze unter Rühren erwärmen und die Stärke dazugeben, sobald die Milch heiß wird. So lange weiterrühren, bis eine dicke Masse entsteht. Auskühlen lassen.

4 Jetzt die Yufka-Teigblätter in 10 cm lange und 5 cm breite Streifen schneiden. Je zwei Streifen so übereinanderlegen, dass ein Kreuz entsteht und 1 EL Creme in die Mitte geben. Die Streifenenden links und rechts einschlagen und das Ganze diagonal zu einer kleinen Zigarre aufrollen.

5 Das Öl in einer Pfanne erhitzen und die Zigarren ca. 3–5 Minuten goldbraun backen. Auf einem Küchenpapier abtropfen und auskühlen lassen.

6 Zuletzt die Teigrollen mit dem Sirup tränken, abtropfen lassen und mit der restlichen Creme und den Pistazien verzieren.

Arabische Panforte

ZUTATEN

100 g ungesalzene Macadamia-Nüsse • 100 g geschälte Mandeln • je 1 Zitrone und Orange
je 100 g getrocknete Aprikosen und Feigen • 100 g Orangeat • 150 g Mehl • 150 g Zartbitterschokolade • 80 g Zucker
100 g Honig • je 1 Prise gemahlener Ingwer und gemahlener Muskat • 1 EL Orangenblütenwasser
3 EL Rosenwasser • 1 EL Orangesaft • 1 Obstkuchen-Oblate (ø 26 cm)

Vorbereitungszeit: 30 Minuten • Backzeit: ca. 30 Minuten • für ca. 20–30 Stück

1 Die Nüsse und Mandeln in einer beschichteten Pfanne ohne Fett bei mittlerer Hitze unter Rühren leicht rösten. Auskühlen lassen.

2 Währenddessen die Zitrone und die Orange heiß abwaschen, abtrocknen und die komplette Schale dünn abreiben.

3 Jetzt die Trockenfrüchte in ca. 1 cm große Würfel schneiden und mit dem Orangeat, den Nüssen und dem Mehl in einer Schüssel mischen.

4 Die Schokolade klein hacken und im Wasserbad schmelzen. Gleichzeitig den Zucker, den Honig und die Gewürze unter Rühren erhitzen, bis sich der Zucker löst. Die Zitrusschalen sowie das Orangenblüten- bzw. Rosenwasser und den Orangensaft unterrühren.

5 Den Ofen auf 180 °C Ober-/Unterhitze (160 °C Umluft) vorheizen und eine Springform (ø 26 cm) einfetten. Die Oblate einlegen und den Rand der Form mit Backpapier auskleiden. Den gewürzten Honig, die Schokolade und die Fruchtmischung gut miteinander vermengen, einfüllen und gleichmäßig mithilfe eines feuchten Löffelrückens verteilen.

6 Die Ofentemperatur auf 160 °C (140 °C) senken und die Panforte ca. 30 Minuten backen. In der Form auskühlen lassen und anschließend in kleine Stücke brechen.

Gefüllte Dattelkekse

ZUTATEN

Für den Teig:
300 g Weichweizengrieß • 100 g Mehl • 200 g Ghee-Butter • 1 TL Trockenhefe • 2 EL warmes Wasser
2 EL Orangenblütenwasser • 2 EL Rosenwasser • 70 ml Milch

Für die Füllung:
2 TL Ghee-Butter • 125 g Dattelpaste • 1 Prise Mahlab

Für die Garnitur:
50 g Puderzucker

Vorbereitungszeit: 1 Stunde • Backzeit: 15–20 Minuten • für ca. 12 Stück

1 Den Grieß, das Mehl und die Ghee-Butter in einer Schüssel miteinander verkneten. Mit einem Tuch bedecken und mindestens 4 Stunden ruhen lassen.

2 Die Hefe in 2 EL warmem Wasser auflösen, mit dem Orangenblüten- bzw. Rosenwasser und der Milch in die Teigschüssel geben und alles zu einer weichen Masse verarbeiten.

3 Für die Füllung zunächst die Butter in einer Pfanne schmelzen. Dann die Dattelpaste und das Mahlab dazugeben und zu einer homogenen Masse verrühren. Abkühlen lassen, zu kirschgroßen Kugeln formen und beiseite stellen.

4 Jetzt aus dem Teig walnussgroße Kugeln formen, je ein Loch eindrücken und mit der Dattelmasse füllen. Die Teigkugel schließen und entweder ganz traditionell in eine sogenannte Maamoul-Form pressen, die Form mit der Öffnung nach unten leicht auf die Arbeitsplatte klopfen und den Keks entnehmen. Alternativ die Kugeln etwas platt drücken und mit einer Gabel Muster eindrücken.

5 Die Kekse im vorgeheizten Backofen bei 250 °C Ober-/Unterhitze (230 °C Umluft) ca. 15–20 Minuten goldbraun backen. Auskühlen lassen und mit Puderzucker bestäuben.

Buchtipps

TOPP 8044

ISBN 978-3-7724-8044-7

TOPP 8027

ISBN 978-3-7724-8027-0

TOPP 8045

ISBN 978-3-7724-8045-4

TOPP 8040

ISBN 978-3-7724-8040-9

TOPP 8042

ISBN 978-3-7724-8042-3

TOPP 8043

ISBN 978-3-7724-8043-0

TOPP 8038

ISBN 978-3-7724-8038-6

TOPP 8046

ISBN 978-3-7724-8046-1

TOPP 8039

ISBN 978-3-7724-8039-3

Register

Über die Autorin

Huda Al-Jundi lebt mit ihrer Familie in Ludwigshafen und ist dort als Arabisch-Übersetzerin tätig. Die Liebe zum Kochen und Backen hat sie schon sehr früh von ihrer Mutter mitbekommen. Dieser Leidenschaft geht sie bis heute nach und führt einen Blog (www.hudaworld.com), auf dem sie nicht nur die syrische Küche vorstellt, sondern auch Einblicke in ihr Leben gewährt. Neben dem Kochen fotografiert sie gerne und liebt die Ruhe der Natur. Als Genussmensch lebt Huda Al-Jundi ganz nach dem Motto „Ein Leben ohne Kuchen ist möglich - aber sinnlos."

Danke

Ein großes Dankeschön geht an meine Familie für ihre Unterstützung und Geduld. Vor allem aber möchte ich mich bei meiner geliebten Mutter Nafnouf Safia bedanken – ohne ihre große Hilfe beim Probebacken, Geschirrberge spülen und ihre mentale Unterstützung wäre ich wohl nie fertig geworden. Danke Mama! Ebenfalls bedanken möchte ich mich bei Anna Burger vom frechverlag, die dieses Buch für mich ermöglichte und mir immer mit Rat und Tat zur Seite stand. Zuletzt bedanke ich mich bei allen Leserinnen und Lesern und wünsche viel Spaß auf Ihrer kulinarischen Reise ins Morgenland.

Impressum

FOTOS: frechverlag GmbH, 70499 Stuttgart; lichtpunkt, Michael Ruder, Stuttgart
ILLUSTRATIONEN: Designed by Freepik
REZEPTE: Huda Al-Jundi
KONZEPT, LEKTORAT UND PRODUKTMANAGEMENT: Anna Burger
LAYOUT UND SATZ: Nakischa Scheibe
DRUCK UND BINDUNG: Neografia, Slowakei

1. Auflage 2017

ISBN 978-3-7724-8041-6
Best.-Nr. 8041